창조문학대표시인선 · 241

그리움이 가슴에

안재권 시집

창조문학사

□ 책 머리에

이번에 제 4 시집을 상재케 되었다.

아직도 내 기억의 뜰에는 고향의 깐등들 논에 모를 심으시던 부모님이 눈에 삼삼한데 이제까지 잘 지내 나도 불혹의 나이를 먹었다. 이제 먼 하늘나라에 계신 부모님을 나도 그대로 닮아 가느라 이번 시집을 통하여 그 내용들을 넉넉히 담아 보았다. 나의 선친께서 얼마나 사랑하셨는지 나도 자식들을 나름대로 많이 사랑하고 있다. 그래서 하나님께 감사한다.

참으로 부모님의 은혜는 갚을 길이 없다.

평소에 어머님은 이웃을 사랑하고 음식으로 섬김에 감복하여 나도 몸에 베인 섬김으로 살아왔다.

시와 찬미와 신령한 노래로 늘 마음을 달래며 더 나은 작품을 쓰기에 힘쓰고자 한다.

곁에는 사랑하는 아내 강경자 권사와 이남이녀 귀한 열매가 있다. 더불어 장손녀 보람이가 결혼하므로 손서 김대식을 맞게 되었다.

저들의 앞날에 시온의 대로처럼 펼쳐지길 기도한다.

이 모든 것이 하나님의 한량없는 은혜임에 영광을 올린다.

2016년 4월 일

안 재 권

그리움이 가슴에

안재권 제 4 시집

| 차 례 |

1. 주님 세례 터

2. 백중 살에

3. 관악산

4. 한가위

5. 어버이 날에

1. 주님 세례 터

무깃도에서

돌계단 백개층
세상을 이기는 힘

이스라엘의 왕조지킴이
대대로 내려온 성루

하나님을 향한
소망을 담고

한 계단 씩 오르는
결의와 다짐같이

승전가의 건반되어
펼쳐 오른 계단

적들의 간담을 서늘케하며
쾌재를 불렀으리라

불화살 날리며
표효했던 망루

주님 세례 터

감람나무 우거진 요단강 사이
생수 같은 물 쉼 없이 흐르네

들에서 역청으로 양식 삼으며
불의를 보고 불같은 자 세례요한

주님 머리 위에 물 뿌리고
떨리는 마음 발 씻길 부족한 종

하늘이 열리고 성령이 내리셨네
하늘의 음성 들리었네

"사랑하는 내 아들이다!"
성령이 비둘기로 내려
물과 성령으로 거듭나라!
모범을 보이신 곳

잔돌 위 쉼 없이 흐르는 물
끊임없는 구원의 표상
발을 담그고 묵상하네

가버나움 회당

나훔의 선지자가 활동했던
위로의 마을
기적이 일어난 곳

아직 바위 옷 창연한
회당의 기초석이 남았구나

주님이 말씀하실 때
지붕을 뚫고 침상내린 환우
발 앞에 내려놓았네

운집한 뭇사람들
눈을 의심했네
어떤 이는 고함을 치는 자도 있고
환호소리 울리게 기도 했네

치료 받고 걸어 나가는 병자
말씀 한마디 들었도다

"일어나 걸어가라!"
영육을 치유받았네

베드로 수위 교회

그물질로 생계를 유지하는
성미 급하고 무식한 시몬
주님의 부르심에 그물을 버리고
사람을 낚겠다는 결단

“나를 누구라 하느냐?”
주는 그리스도시오 살아계신
하나님의 아들이시다
칭찬받던 시몬

주님이 잡히시던 밤
어중간에서 불을 쬐며
저주하고 부인하던 베드로
소망을 잃고 다시 그물질을 시작했네

고기 한 마리 건지지 못한 허탈함
그물을 씻은 절망의 아침에
주님이 “깊은 곳에 그물을 내리라”
기적을 보고 주님 앞에 엎드려
죄인임을 깨닫는 베드로

육의 사람이 영의 사람으로

능력과 권능 덧입혀 주시고
백이십 문도 섬기시던 그뜻
안수 받았던 기념교회 세워서
주님의 참 사도로 추앙하네

지금도
주님께서 앉아 친히 말씀하셨던
하트 모양의 돌방석이
기념교회 앞 빛을 발하고 있네

산위 동네

전쟁으로부터
말발굽이 닫지 않은
안전한 산위 마음

우리나라의 산 밑 마을과는
대도가 된 이스라엘

능선 따라 집과 돌담은
적들의 침략에도 막아주었다

하나님을 더 가까이에서
만날 수 있는 열망이 벤 산위

낮은 땅들은 척박하여
한 뼘 지기라도 더
소득을 올리려 했다지

육의 양식 부족하지만
모든 환난을 이길 수 있는
영의 양식 풍족한 산위

티베랴 망루

오스만 터키 제국의 침략에도
견고하게 세워졌던 망루

천년이 하루같이 이틀 지나
쉼 없는 풍우를 못 견디어
부서진 돌담에 역군들의 한
변하여 고색으로 변했구나

높이 솟은 망대는
흥망성쇠의 긴 아픔
측은함에 마음 서리다

눈물의 선지자 예레미야가
축성의 자리를 지정하고
의무를 다하도록 독려했다지

바다로 오는 적들의 방패산성
빈 하늘 바라보는 요새
디베랴 망루

벳재라 마을

누대로 내려오는 척박한 땅
야자, 바나나, 올리브
서로의 땀과 근로와 협동심
키부츠라는 모임체가 되어
이스라엘을 지키는 마을

협동의 정신으로 모임이
세계적인 키부츠의 원조가 되다

호수에서 물을 뽑아
넓은 들까지 호수로 연결
각양 록음이 우거진 농장
서로의 섬김의 진리가
현세를 살아가는 모본이요
협동농장의 효시가 되었네

새마을의 사상이 홀씨 되어
아프리카 케냐에 뿌리내려
피어나는 마을 같이…

예루살렘 길

낮은 곳은 뙤밭
그 소산으로 사는 곳
동서의 산등에는 돌집들
모래 산의 능선 길로 통하다

기나긴 8월
밭은 안식을 취하고
햇볕은 쨍쨍
육십 년대의 천수답이 연상되는
우기를 기다리는 타는 마음,
모든 수목 밑 둥에는
프라스틱 호스가 연결되고
연결된 핏줄 따라
물을 시차로 공급되는 젖줄

이제
구원으로 인도하는 이방인들이
육의 약식 걸머지고 와서
믿음의 성지로 향한 발걸음
은혜 가득한 예루살렘 길

목자들의 들판교회

조그마한 정원
뜰 앞엔 깎인 돌 박고
통나무 기둥의자 세워
사제들의 경건한 모습
자연의 교회라 일컬어지네

야자나무 골목엔
주님의 말씀이 묻어나
주님의 사제와 기념사진 찍다

동굴 속의 경건함과
주님의 사역과 함께
영원한 교회되네.

이천년 지난 검은 제복 사제
언어는 통하지 않지만
진리에선 그들이 존경스럽다.

아래 말사관에는
탄생하는 동굴 불 밝혀
열 내 별이 빛나고 있다

크리스마스 첫 새벽 송도
파이프 오르간 반주의 선명함
성탄을 알리는 헨델의 메시아가
울려퍼진다지요

예수 탄생 교회

옆 편에 대리석 기둥
모자익 바닥에는
주님이 나신 상징 교회

다윗의 후예가 나신
말구유는 간곳없고
이방인의 관광객이 메웠네

다섯 십자가 보이는 의미는
예수님과 4복음서의 상징

지붕의 별은 아르메니아 교회
윗층은 천 사백년 전 세워져
사람은 아치형 작은 돌문으로
겸손하게 허리 굽혀 들어가라고……

동방박사가 보는 별
그 위에 비추었도다

아!
주님이 나셨도다
웅장한 아름드리 기둥

양 옆 두 줄로 시립하고
각양 황금 촛대 도열하도다

밝히는 빛에 벽화는
주님의 나심을 알리는 나팔수

학살현장 사진보며

독가스로 죽은 시체
음침하고 회칠한 장벽
시체를 빨래 널 듯
생생하게 보여주고
후세들에게 각인시킨다

손과 발이 앞을 향해
독재자 이름 연호하며
분서갱유같은 지식인의 애환
유대인의 씨를 말린다나—

잊지말자
민족말살의 현장
그때의 열차 한량이 남았다
희망 실은 열차가……

망자를 찾아 원형돔
벽면에 가득한 이름들
다시는 저들에게 지지 말자
눈물 닦으며 다짐한다

엔게티 요새

황량하고 척박한 모래벌에
솟아난 민둥 축구장 두 개 돌산
지상에서 이백여 미터 높이
사방을 응시할 수 있었다

절벽 위 돌을 깎아 훈련하고
지상의 로마군과 마주하였던
구백여 이스라엘 용사여!

행주산성의 아낙 같은
치마폭으로 지킴같이
둥근 돌 깎아 돌화살 쏘았다지!

아스라이 로마군의 군영
평지 사방 노려보며
영의 군대 자처 했겠지!

수련장 난간 따라 물길 내어
돌층 안에 빗물 저장하고
식수로 사용했던 흔적들…

삼년 여 항전타가 최후 맞아

네가 나를 내가 너로 베인 바 되어
장렬하게 승화되었다나!

아! 그 얼
온 세계의 믿는 자들에게
케이블카로 오르내리며
애국의 뿌리 익히고 있네

소돔땅

물 근원이 풍족하리라 믿었지만
흙마다 하나님의 저주와
입김에 모든 땅이 소금기둥 되고
허물어지고 흩어진 바위소금 조각들

짠기 없는 소금들이
길 가에 넘쳐난다
젖과 꿀이 흘렀던 소돔
고모라가 아니었던가!

세월이 지나서
땅만 보고 사는 사람 육의 사람
하늘만 보고 만족타하는 사람
성령의 사람
하늘에는 영광이요
땅에는 기쁨 넘치리로다

풍요의 이스라엘

갈릴리 바다에는
주님의 음성이 파도친다

베드로와 요한의 생업 장
사람을 낚은 어부로 변신하고
야자와 올리브 나무가 푸르다

갈릴리 호수를 지키기 위해
육일전쟁으로 생명 줄인 갈릴리
물을 지키는 고란고원을 차지하고
국토로 편입한 이스라엘

갈릴리 물을 호수로 끌어올려
나무 밑에 공급하게 하는 지혜
이들의 헌신과 결의에
이방인들이 뿌린 물질이
성지를 보전하고 국익이 되었구나!

키프스 정신이 생겨나고
고기 가마솥 같은 풍요나라
아름다운 공동체 나라

마라의 샘

야훼의 극진한 돌보심
아침에는 만나로
메추라기로 고기를 삼고
신 광야 길에서 목이 마르다

나무 밑 샘에는
하나님을 알지 못한
마라의 샘이 있었지
갈증 채우지 못한 쓴물

원망과 불평의 열기
옛적 애굽에서 종되었던
고기 가마솥, 우물물
그리워하고 푸념하는구나!

척박한 곳으로 인도한
모세에게 소리지르다
"물을 다오!"
"모래 벌에서 모두 죽소!"

하나님께 간구하다
모세의 손을 바라보는

이스라엘 민족의 눈초리
나무를 꺾어 물에 던지니 달더라

오직 하나님만 의지하고
부르짖으라는 약속
뼈아프게 체험하고
주께로 돌아오는 이스라엘 민족.

이스라엘을 떠나며

며칠 동안 만나는 사람
정이 얼마나 깊었던지
눈 떼기가 아쉬워
깜박거림도 삼가노라

주님이 다니시고
수많은 행적과 유적
다 보지 못한 아쉬움
지금껏 돌산이요 열사의 나라
곡식 거둘 자 없건마는
이리도 사랑스러우랴!

그들만이 원하는 것도 아니요
전 세계가 공유할 유산들
금광보다 더 귀하구나!

구원으로 인도함이여!
땅 끝에서 사는 사람들아!
성령의 폭포수로 흠뻑 젖어보자

제비꽃

논두렁 잔디
비좁은 공간에
은혜의 햇살에
솟아난 제비꽃

연노랑 열여섯 살 소녀
솜털 송글송글
찬이슬 비켜서며
푸른 하늘 바라보니

둑 밑 씀바귀는
육신의 키 자랑하고
보랏빛 자운영 논엔
벌들이 가나의 혼인잔치

오는 봄
눈웃음으로 맞이하는
진노랑 제비 쑥 외롭지 않아
들길에 봄 전령 자 되어
질경이를 부르네

봄은
저만치 무르익어만 가고…

영종도 기행

칠순 바라보는 반백들
초등학교 시절 회상하며
애자(愛子)와 바닷바람 나들이다.

걸어온 길 되돌아보며
가는 길 상념 하는데
비구름 이슬비 휘날린다.

T샤쓰에 운동화
벙거지 모자 허리춤 수건
말부터 원색적이다

갖가지 정담 쏟으며
봉고차 안은 웃음꽃 가득
해변을 달린다.

무엇이 옛 벗들 주름살 입혔는가
아내들의 출생지는 달라도
아귀가 척척 맞아
하루해가 모자란다

해송 밑 조개구이 집

멍텅구리 맛, 새우, 꼬막, 소라
석쇠 위 혀 빼물고
구은 조개 발기며
우리의 삶도 노을 위 떠간다

성장통

초근목피가
밥인 때도 있었다

요즈음 십대들
피자가 주식이다

수숫대 크는 것 같은
아이들의 성장

마디가 실해야
속도 알차 오른다

수숫대 속 흰 구름 같은 뼈대
돌 같은 육질로 도배한다

자고나면 커지는 고통
산들바람에도 휘어진다

꿈틀대는 몸부림
통과하는 아픔이다

백여 년 긴 세월
머리 느끼고 있다

늦게 난 장남

땀 흘려 써레질 하다가
아들 낳았다는 기쁜 전갈
소망의 빛이 보였다

어찌 그리 기쁘던지
가리 소 논둑에 매어 놓고
무중우 진흙 채로
단숨에 오리길 달려왔지

아직 핏덩이의 고고함
고추가 보였네
장래가 보였네
가문이 보였네

생명 커가는 것 바라보며
안도감 넘치네
뒤 돌아보면
딸 다섯 뒤, 아들!

논두렁 달려오느라고
신발 벗겨진 줄도 모르고…

단비

창밖 인기척에
님 오시는가?
살며시 창문 열어보니

싱그러운 버찌에
굴러 떨어지는 은혜의 빗방울
내 머리 위에 단비 되게 하소서

미움과 유혹과 가식
욕심과 탐심과 좌절도
지워지게 하소서

헛된 맘 말끔히 씻어
창조자의 섭리
충만케 하옵소서

예향골

한강 하류의 갯벌 늪
석양에 밴댕이 뛰놀고
풀 내 나는 논두렁 위
아담한 가정식 식당
하루살이, 풀벌레 소리 들리고
이천년 전 오신 예수님 걸맞게
그 이름하여 "예향골"

눈물의 기도응답으로
주의 향기 베인
강건한 찬양의 진객들
줄을 이어 찾아오네

정원의 잔돌 위
잘 정돈된 나무의자
예수 향기 날리는 고을
천만인이 바라는
"예향골"의 향기여!

주는 나의 피난처

험한 산길 살아가는
우매한 인생길에
주님, 나를 인도하시네

잠시 잠깐 통과하는
험하고 기쁜 나날을
주님께서 인도하시며
우리 삶은 평안하고
영생 복락 누린다네

환란 고통 중에 만난
피난처가 되신 주님
우리 방패 우리 희망
유일하신 주님이라
만나주신 기회라네

절망과 문제는 오직
주님 앞에 나아가야
응답받고 감사하네

절망에서 희망으로
고난의 때 회개하며

우리들의 신앙저변
씻고 닦아 정결하게
복이 되고 소금 되네

실패하는 과거에서
나의 영안 나의 인내
주님 도움 시작이라

은혜, 자비 베푸시고
모든 일을 예비하며
탄탄하고 넉넉하게
축복으로 인도하네

절대 절망, 절대 희망
두 손 들고 기도하네
거듭나는 행위련가
즐거움이 몸에 벤가
주는 나의 은신처네

정선가는길 (1)

봄, 창문이 열리다
양재의 꽃동산에

경포대 가는 길
아홉 문인들의 웃음꽃
봉고차 안에 만발하다
해맑은 날씨
햇볕이 축복하고 있다

동해 경포대 앞은
잔잔한 동양화 한 폭

참소리 조밀한 박물관
선친의 축음기(빅토리아)가 연상된다
참소리 영화관
파바로티, 부라이언, G음
잠든 예음에 열리는 마음

정선가는길(2)

고불고불 산골길
낭떠러지 단애
철책 스치며
감동의 늦은 벚꽃들

산등성이에는
연록도 입지 않고
나목으로 맞이하는
기계독 오른 아이의 머리

실 오줌 발 오장폭포
수동기차는 애오라지행
빈 좌석 석양에 측은하다

쇠붙이 우람한
여치의 짝 짖기
이층엔 숫 여치 속 레스토랑

황기, 백숙 보양식에
온돌에 몸 싣고 늘어진
동호 호텔 302호실

정선가는길 (3)

쌀 한 말 먹지 못한
시집 간 딸 생각에
오일장은 선다

길 양 편 연결 포장 속
아래는 가진 풍물들
금방 밭에서 내려왔다

동산더덕, 산취, 서리태
흔들면서 호객한다

허기진 배
지짐이로 채우고
막국수 전병 첨가하다

오일장은 발걸음 분주하고
만 취 상태 왁자지껄하다

여유로운 시골의 장
세월은 달과 함께 간다

다섯닢 크로바

기도 굴 난간에
뽀오얀 얼굴 내민 철쭉
토끼풀 하얀 꽃술에
벌들이 희롱한다

거두지 않은 들풀
죽은 것 같은 상수리나무
생기로 연록 이파리
실바람에 살랑인다

둥지로 날아든 까치
어린 새끼 부르며
집을 떠나 큰 꿈 꾸자하네

네 잎 크로바 찾아
두 발거리 두고 다시 돌아서니
평생 그리던 사연
다섯 닢 클로버가 시야에 들어오네

영혼에 섬김 사명 주고
네가 존귀히 되고자
기쁨이 햇빛처럼 쏟아지네

아카시아 꽃잎

봉제산 산자락
아카시아 꽃닢 백열등,
날개 달아 날리고
산딸기 꽃대공
베개되어 누워있네

봉화대 뜰 앞에도
등산객 양탄자 되어
섬김으로 생을 마감하네

꽃술에 남은 여운
한여름 성장하여
면면히 이어줄
사랑의 열매들

봄 향기 내 품고
여름의 아픔
이길 힘 쌓이네

링컨의 성경책

어머님의 유일한 유산
손때 묻은 성경책
어린 나에게 안겨 주며
하늘나라 가신 발걸음
환한 미소.

들자갈 길에도
가시덤불 헤쳐 갈 때도
하나님의 영감어린 성경
한자 한자 가슴 속에 안기네

오센트의 착오로
잠 못 이루게 하고
이른 아침 달려가 전하는
하나님의 사람답게
정의로우신 큰 사람

지구상에서 가장 많이 출간되고
백 몇 십 어로 번역되어 읽혀지고
남은 자리 등불 되는 성경
미국의 한 세대를 밝히는
링컨 대통령이 가장 소중하게 여긴
손때 묻은 어머니 성경책

2. 백중 살에

구얼의 벌초

- 3부자 함께 -

초가을 돌풍지난 후
벼 포기 곤두박질
익은 과일 흔들어
연약한 것 떨어뜨렸구나.

삼부자의 성묫길
낫과 톱과 야전삽
가파른 오솔길 오르며
계단을 만들고
웃자란 잔디와 잡초
정금나무와 맹감나무가지
자르고 베어 다듬었네

벌 안의 작은 나무속에서
벌집을 만들어 놓고 맴도는 말벌
조심하여 합장묘봉과
동생 묘, 제수씨 묘 봉
함께 벌초는 참, 아름답고
기쁜 마음 하나님께 기도했네

우애

- 선미마음 -

혈육의 어려운 고통
말로는 어루만질 수 없네

긍휼한 마음으로
선한 사마리아 인의 삶

위로 받은 자는 정을 깨닫고
갚기를 지체 말아야 할지니

피눈물을 씻어주는 분은
동기간뿐이라네

돕다보니 본의 아니게 불이익와도
원망 불평 아니 하는 천사마음

동생도 돕는 헌신
자원하는 갸륵한 심성

형제 우애의 가훈
돌아오는 메아리 되어

자자손손 주님의 은혜
긍휼하심이 물 벤 동산되리

낙엽을 쓸며(2)

가로등 졸고 있는
아직 이른 아침
움추린 몸 털고 일어서다

눈 앞 만개한 벚꽃
내 청년 시절의 꿈
늙은 벚나무의 힘찬 외침
펴라! 하늘을 향해!
길모퉁이 낙엽을 쓸었노라

사람도 꽃피고
잎이 나고 열매 맺고
뿌리로 돌아가는 섭리

추운 겨울 준비로 일상
돌아보게 하는 시간들
새로 단장한 정원 같은
희망의 나날이기를……

백중 살에

뚝방에 앉아
넘실대는 바닷물
파도에 부서지는 달빛
바람 앞 호롱불 같아라

마을 쪽 재방구멍에서
물줄기가 솟구친다
전쟁의 칼날처럼
잿빛 물줄기가 갯논에 쏟아진다

적병에 기습당하는데
멍석, 흙 가마니 밀어 넣어도
물줄기는 점점 세어지고
제방은 바닷물에 무너지는데
앞들은 삽시간에 바다로다

하루해가 가는 날
두 번 스쳐지나간 조류
벼 포기는 절인 김치가 되고
종당에는 패인 물 둠벙 되네
다음 백중 살 오기 전에, 어서
울역하여야지!

동갑내기 여자아이

갓 시집간 동갑내기
면화를 따고 있다

지나간 나에게 들으라고
귀난례가 입을 연다

“신랑 좋더냐?”
홍조 띈 볼에 미소 지으며
봉이 친구가 대답한다
“지금껏 살면서 그이처럼
마음에 쏙 든 사람 못 봤당께!“

가을 바쁠 때 집을 돌며
품앗이 벼타작 하면서
땀을 닦아주고 찐 고구마
소쿠리에서 먹던 시절있었지!

동갑내기 두 여자 친구는
반세기가 지나도 소식이 없다
내 발걸음 바람에 날리듯 지났구나

유달산 노적봉

왜구의 눈을 부시게 하는
용장에 버금가는 왕바위
마람으로 둘러치고 쌀섬 위장
옥돌 갈아 영산강에
쌀뜨물처럼 흘려
왜놈, 간담이 서늘케 하는 전술

오백년 풍우에도
우뚝 서서 동쪽을 응시하고 있다

유달산 자락 잔디 위
학창시절 뒤돌아보니
통통배는 내 가슴에 넘나드는데
학 세 마리 섬
재개발로 꽃이 되었고
성루 노적봉의 위용이
왜구들의 사라지지 않는 탐심
사랑의 눈으로 바라보고 있다

어느 겨울에

눈 소복이 내린 초가내실
대나무 발 속 고구마 가득
광에는 추수한 곡식들
나락 찧은 쌀 몇 섬
군불지필 장작 몇 짐
외양간 코뚜레 한
당찬 수소
시렁 위 대나무 소쿠리 속
연시 몇 단이 숨쉬고
믿음의 동역 자에게
베풀 사랑 가득

새벽에는 찬양과 기도
저녁에는 삶의 안식처에서
성경 읽고 영혼의 안식
가슴 뿌듯한 나날들
지상의 천국이어라

머리카락 날리네

차를 타고 배를 타고
갯벌 내음 코끝을 지나고
썰물 뒤 게들은
나들이 서두른다

활등처럼 굽어진 해안선
파도로 그려진 모래 벌
아가씨아 꽃잎들 등에 업고
섬김의 종들 기다린다

밀려와 정착한 조개껍질
첩첩물결로 이랑 그려
야유회 오는 이들에게
길을 인도하는
단거리 트랙이었소

파도로 그려진 모래 위
발자국 도장 찍으며
바다 바람에 머리카락 날리네

등대

나를 비켜서라
고집은 좌초로다
깊은 바다에 몸담고
돌단에 외로이 섯노라

비가 오나 바람이 부나
잔잔하나 파도치나
나는 하나로 세상을 오는데
빛이 젓다 밝았다 하네

별을 보고 다니던
뱃길에 평안을 주고
뭍의 자녀들 유학하는데
땔감 실고 가는 배
따뜻한 엄마 마음
무언으로 전달하는 빛

등이 트면 자는 나
해가 지면 일어나 일하지
밤 세워 반짝반짝

케어단상

굽은 허리
닳은 지팡이 집고
자갈 고샛 뒤뚱이며
산후 질녀 보러가네

미역국 식기 전
땀 흘려야 한다며
구시렁거리면서
발걸음 총총

구질한 부엌일
성한 내목이라
그저 땀만 잘 내라고
기도하는 마음

나도
시어머니의 따스한 손길에
건강 회복되었으니
이웃 위한 삶 눈을 떠야지

모도리 (2)

-호스피스 수련회-

다도해 같은 섬들
바닷가 풍경
밀물 밀려오는 잔파도에
고향도 함께 오네

썰물 휩쓸어 간 뒤
모래성 다시 쌓은 게
다슬기는 새길 내고
새로운 세계가 시작되네

찬양과 경배는
천지를 지으신 이가 받으시고
호스피스 회원들은 자연과 하나되어
벅찬 가슴으로 하루 피로 푸네

모도리 (3)

모도리 앞 푸른 바다
어린 시절 고천암 뚝
밀물썰물 왕래하고
고향앞들 찰랑이는
환상으로 젖어드네

썰물지난 모래성엔
망대 두 눈 게들 잔치
다슬기의 느린 행보
늦게 난자 먼저련가

천지지은 하나님께
찬양하고 경배하니
받으시고 은혜주어
하나 되는 기쁜 하루

믿음으로 성령 충만
봉사헌신 다짐하며
야외예배 체력충전
건강으로 케어했네

각시 미용실

-전주 각시 미용실-

전주에서 미용실중
덕진점이 엄지가락
오는 손님 범상해도
한번 만져 시대감각
마린몬로 저리가라

앙드레김 머리맵시
한 시간 내 헵번모습
시간절약 생활습관
경재활동 부자자질
올 때 마다 더해가네

각시방을 다녀가면
꿈을 꾸고 마음 편해
시대흐름 겸비하여
언행심사 높은 품격
날로달로 상승하리

정성으로 만져주고
친절하게 감아주며
성심성의 다할지니
오는 귀빈 마음열고
감동되어 다시찾네

홍도찬가

사백 년 전 고씨 일가
생면부지 미개척지
살고지고 섬에 올라
자연해초 양식 삼아
누대이은 붉은 돌섬
백 년 전에 등대 세워
안전뱃길 항해토록
이웃사랑 나라사랑
섬김으로 이루었네

대해파도 해안석벽
친애모양 깎고닳아
시각 따라 만물형상
독립문등 만산적벽
앉은뱅이 백엽송은
석벽위에 날개달고
암벽틈새 뿌리내린
자생풍란 선비지조
관광객을 심금 울려
끊임없는 발길일세

국립공원 지정하여

보호하고 관리하니
다도해중 기암괴석
해금강에 비기리까
돌아오는 붉은 태양
재갈매기 비상하고
바다건너 낙조풍경
온천지에 물들이네
아-아- 절경코나
들이 붉어 홍도로다

청어람학원

-안양시관양동소재-

어린아이 지혜샘에
푸름에서 람색으로
일진월장 개발성장
장래 꿈이 잉태하는
관양동에 청어람은
하늘진리 겸비한곳

선생님의 실력 충만
배운 학생 지력향상
평등학생 기초실력
개발하고 북돋으니
일으키고 키워나가
최선다해 가르치네

예습복습 새른지혜
주신은혜 한량없이
베인 사명 감당하고
배운 진리 영감 더해
장래비전 꿈을 품고
구름같이 모여드네

행주산성

아낙의 치마폭 속 담긴
돌무더기 맞아
왜구머리 산발함이
누운 칡넝쿨 되었구나

울창한 숲과 까치가 어우르고
겸재 화공의 필묵 속 같은
한강 위 해오름
오백년 면면히 흐르누나

남해 바다 삼켰다 토해낸 자
독도 뒤돌아보는 음흉함
산성에 묻힌 영혼들이
울분하고 있겠지

공항 가는 교각 지나며
나래 편 웅장한 위용
생명 지킨 영혼 바라보며
지존들의 근엄함이여!

푸른 강물에 비친 산성
피고, 지고, 또 ……

나라 지키는 생령 같기도 하고
파수꾼 같기도 하고……

캠프파이어

-갈릴리 수련회-

철재화력 강원참숯
번개탄에 불을 놓고
석쇠위에 돼지목살
지글부글 기름내음
살랑바람 연기 땜에
매운 눈물 닦에 내며
고추장에 깻잎상추
풋고추에 마늘 얹고
한 볼 태기 서로미소
이심전심 기쁨마음
이 밤샌들 어떠하랴
하나님이 영광 받고
대원들은 찬양하네
푸른 하늘 서편샛별
어-스름 매운바람
웃음으로 날려 보내

목자의 찬양

연푸른 돌 밤나무
풍란과 묵상하고
노을 빛 파랑을 바라보네

가로등 길모퉁이에 졸고
고깃배 돛대 위
꿈을 싣고 오느나

선잠 깬 단애 밑
바다의 잔 호흡들이
물새를 부르네

새벽 달 비친
홍도교회 목자의 바리톤 찬양
홍도를 깨우는 구나

그리스도의 사랑의 전령자
구원의 대언자 서곡
홍도가 행복하구나

백로

마을 뒤 해송 위
깃을 틀고 잠을 자고
나락포기 누비며
새끼 기른 백로 떼
고고한 순결이
지조의 상징이었지

안산 지난 대름변
벌초된 뫼안에
날갯죽지 내리고
피라미대신 날 벌 찾는
허리구부정한 백수 노인 같은
가을건이 후
늙은이 이삭 줍는 형상으로
눈물이 난다.

고향미소

햇볕과 기와집과
우물과 정자나무
산의 푸르름은 한 결인데
낯익은 얼굴 보이지 않고
새 세대로 옷 입혔네

적은 밭때기
삶의 터전 이룬 곳엔
석조 묘실로 정비되고
가족 묘 가 늘비 하다

옛 도랑 간곳없고
시멘트 포장도로
선산 묘봉은 손길바라는
온유한 잔디봉

땀흘려 예초하고
주위 정비하니
말끔히 깎아진 벌 안
만면에 눈웃음

동구 밖에서 뒤돌아보니

어릴 적 잘 다녀오란
엄니 손짓 같구나.

3. 관악산

선유도

한강의 중심에
선선이 노니는 섬
마음의 쉼터
강바람 가슴에 정박하네

해넘이 새털구름
넘어가는데 일몰이라고
붉게 물든 새들
안식의 길 떠나네

섬김이 몸에 벤
주고자 하는 마음 흠뻑
구은 피자의 미각 속에
맑은 호수위 달이 뜨네

강변 둘레길 도보로 걸으며
감사로 입술의 열매
내일의 꿈, 가슴에 담아보네

여의도 공원 벤치

설익은 열매 바라보며
잎들은 겨울준비 부산하고
그늘 밑 벤치에서
영근 단감 깎아
미각을 돋구었네

호스피스로 봉사와 섬김
자연과 호흡하고자
서로를 홍시 대하듯
조용하고 기쁜 마음
주는 것으로 만족함을…

돈 많은 동갑내기
지천명을 보낸 우정
부지중 천국행 바라보고
삶의 의미 되찾은 그

나뭇사이 오솔길 걸으며
되돌아보는 삶
굴곡의 소용돌이 속에서도
슬기롭게 넘기게 하시고
구원의 환승장에서
함께 봉사하는 행복함이여!

장미공원

비를 머금은 이파리
동이 트는 아침
심호흡하는 입김에
할머니 발걸음 가볍다

구름 덮힌 느티나무아래
즐거운 생을 맛보며
치도키산 강가에 가고자
기별하는 친구마다
남편, 친구 대접하겠다고
시골가기로 약속했다지

절편과 참외의 미각
공원 뜰 탁자 위
나누며 봉사의 의미
아름드리 느티나무 그늘아래서
섬기는 자세로 대화하며
격려와 위로와 감격의 시간

유월의 그늘

산위 벌거벗은 에덴
찬바람 견디며,
소망을 바라보았지

땅의 혈액 같은 온기
영이 새로워지는 삼월 지나
강물에 풍덩 빠진 사연

나목어린 시절 잊은 듯
위를 향한 기쁨
깊은 내공의 발로

하나님의 섭리는
한치 앞을 알 수 없지만
이어지고 인도하네

지인과 한마디 없이
쏘는 햇살아래 샛강에서
유월의 훈중 맞네

나무 닢 같은 한철 인생
무엇으로 더 나은 삶
여정에 수놓을까

비오는 여의도

새털구름도 양털구름도
감상하기 나름이지만
우리마음 적시지 못하네

구름의 미립자들이
서로 사랑의 포옹
생의 마침, 물방울 되네
벚나무는 온몸으로 말하고
꽃들은 흐드러져
꽃망울 등불 되어 밝히네

서로 자유로운 매임
만나는 날 단비에 젖어
발자국소리 스며드네

섬김이 베인이여!
영으로 외치면서
생각을 꽃피우는도다

지목 바뀐 여의도공원
많은 이들의 쉼을 얻는
젊은이의 공간이어라

북악산

2월의 성산
누대를 내려온 생명
역사를 지키는 발자취

고성에 돌갓쓴 기다림
일렬횡대로 지키고 있구나
밖을 향한 활구멍
산들 바람이 저만치
진달래 사이를 날아와
가슴 흔든 찬가여라

장송 그늘 밑
약식의 미각 음미하고
북악산 정상 비문 앞
만년 불파지 한성
청와대 뒷산 정수리
영원히 지워지지 않은 흔적

거듭나는 한강

아름다움은 자연이라
반세기전 한강은
모래톱 사이 작은 강
사막같은 노량진 앞
모래위 동부이촌동
밀집되어있는 판자촌
어느 해던가 홍수가 와서
한강 철교 넘실
물먹은 판자집들…….

한강의 아름다움은
물이 있고 뚝방길 트이고
찰랑이는 파도가 있는 곳
고향 앞바다 연상되네
다리의 영롱한 조명
마음을 이끄는 강
호스피스 교육 마치고
귀가길 밤섬 바라보며
권사와 강물이 되네.

관악산

산이 좋아 오르는 길
북적대는 인파
등산로가 비좁다

설익은 단풍은 아직
나뭇가지에 매달리고
이끼 낀 바위 낙엽 옷 입었네

큰 비에 할퀸 계곡
중장비로 장비하고
표지판 따라간다

울퉁불퉁 돌길 돌아
어느 모퉁이 소복한 낙엽
싸락싸락 속삭이네

지인과 어우러진 숲
옷을 벗은 나목 하늘 우러러
청단풍, 홍단풍 황홀경

널따란 지구관 바위 위
정성어린 도시락의 미각

가을을 만끽했네

오르내린 등산객 틈에
발을 맡기며 내려오니
감사가 절로 나네

하늘공원

지그재그 목재계단
이백구십일단의 발판
폐타이어로 표면 엮어
부드럽고 미끄럼도 방지하네

가장 낮은 자리에서 맴돌다
덤프트럭에 실어와
내동댕이 처진 야산 난지도

서울의 오물 축소판
흙을 덮고 나무를 심어
야생동물이 서식하고
널따란 운동장은 억새 꽃
손을 들어 찬양함이어라

마음의 가을 향기가 더함은
호스피스 동기와 함께
잔디에서 단감 깎아 먹는
미각의 향기가 으뜸이리라.

윤중재를 걸으며

물속 모래톱에서
솟아난 수양버들 너울거리고
강물은 바다로 느린 걸음

빠른 세월 어찌하고
유유히 손잡고 누어가는가

지나온 삶을 윤중재 숲에
걸어두고 구름 따라 거닐며
섬김으로 하나 된 호스피스 동기
훈풍 받으며 걸어가네

국회의사당 회랑의 벚나무
따가운 햇살 그늘 되어
가을의 중간절기 한가위
어머님 송편 떠올리네

은행나무 그늘 지나며
열매는 황금색으로 변하였는데
내 열매는 ……

섬기는 행복

설익은 열매 바라보며
이파리는 겨울 준비에 부산하고
하늘이 우리를 반기듯
해맑은 날씨로 선물하며
배, 단감, 영근, 밤 깎아
미각을 돋구었네

자연과 호흡하고자
서로를 홍시 대하듯
섬세하고 온화한 마음
주는 것으로 만족함 얻네

지천명의 나날을 보낸터
부요했던 동갑내기가
천국 가는 뒷모습을 보고
삶의 의미를 되찾았다지

나뭇사이 오솔길 걸으며
되돌아보는 삶이기에
굴곡의 소용돌이에도
슬기롭게 넘기는 환승장에서
손을 펴남을 섬기는 행복함이여!

교회는 어머니다

교회는 어머니다
나를 이끄시고
거듭나게 하시고
양육하고 깨우치고
안식하기에

교회는 어머니다
돌아갈 길 인도하고
평안의 우물에서
먹이시고 안아주시다

교회는 어머니시다
상처를 싸매시며
탕자의 믿음도
치유케 하고 회복시켜주신다

교회는 어머니시다
돌아서서 문열면
배웅하시는 든든함
한주일이 뜬 구름이다
구원의 행복함에…

정릉 계곡산행

덕개머리에 염색군복
검정 몽땅 군화
야유회 나온 그시절
계곡은 인해였지.

반세기 지난 계곡
로프로 담장을 치고
돗자리 깔렸던 흔적
맑은 물줄기가 노래한다.

수목은 우거지고
돌계단 첩첩
구비 진 곳 긴 의자 쉼터
환경이 바뀌었구나.

일급수 계곡의 피라리
등산객들의 산사랑
현대인의 자랑이어라

늙은 고목나무 밑에서 귀인과
김밥도시락 먹으며
오이, 참외 미각을 돋군다

아까사아 꽃잎이
융단처럼 깔려
궁전 뜰, 발걸음 같은 하루

구파발쪽 북한산

7월 땡볕아래
금강송과 굴참나무 숲
개울물이 자연을 노래한다.

바위사이 물줄기
숲의 숨결을 토해내고
등산객들의 산울림

삼백년 전 세워진 대 서문
오랑캐의 오는 길목
화살 구멍이 의롭다

널따란 바위 검정무늬 수 놓아
소나무의 진액문양과
흐르는 냇물 조화롭구나

중성문의 제2관문
나라 지킴이로 당당히
세월로 이야기 하고 있다

좔좔 흐르는 물줄기
널따란 바위 위에서

천년의 숲 속 찬양하며
잠깐 쉬어간 자리
긴 여운 남긴다

유월의 차창 밖

봉고차 기다리는 복지센터 앞
영등포 실 자원 봉사팀
기다리는 즐거움

서 실장의 강권에 못이겨
함께 떠나는 마음에
호스피스 권사와 함께였다

하늘나라 소망하는 환우
천국가시는 분 찬양으로 위로하고
섬김의 기쁜 마음

돌아오는 발걸음
차창 밖 유월의 녹음
가슴이 훈훈하여라

국회의사당 벚나무길
짧은 회랑 길 긴 이야기

성령의 사람

나를 위해 몸까지 주신
그분의 사랑 한없어
전도부에 몸담았고

경건의 예배 때마다
찬양의 제사장 직분으로
성가대 소프라노 대원

큰 꿈 안고 자라는 청소년
진리의 등대되어
이도코자 교사로

묶어준 지경의 중심 축
하나님의 일꾼되어
사명주신 구역장 직분

주님 닮고자 환우 돌보며
달려 나온 작은 섬김의 손
호스피스 자원 봉사자로

흙으로 빚으시고 흙으로 돌아가는
천국 환송 잔치길

장래위원으로 인쳐주셨네

야베스처럼 주님 앞에서 더 많은 일
감당키 위해 다짐하는
성령의 평강교회 이권사님

설렁탕 진국집

기묘년 첫날부터
일기예보가 심상치 않더니
영하 10도 란다

숲속의 아름다운 선율
오케스트라의 기교를 감상하면서
언 마음 잡아주는 설렁탕집

대화의 깊은 숲속에서
마음에 흐뭇한 치토키산
삶이 정지하는 순간이
어쩌면 이곳이 아니겠는가?

밖에는 살을 애는 추위
안에는 진국의 따스함
몸안에는 각족 미각의 세포가
꿈틀거리고 있구나

감사와 찬양과 존귀
축제가 열리고 있구나!

샛강

당산역 6번 출구에서
아직 겨울, 찬바람일고
길섶 풀은 새벽 기도중인데
황량한 샛강을 걷다

인생도 샛강의 풀잎처럼
영화롭과 애환담긴
갈대처럼 깊은 묵상할 때
손잡아 줄 이를 그리자

샛강 변 돌 위 새파란 이끼
잘 다듬어진 뚝 방 벚나무
신방을 꾸미고 방긋이 고개들어
봄 바람소리 귀 기울이누나

벚나무 및 걸으면서
다가올 꿈 그리며
벚나무의 거친 숨소리에
태양은 환하게 비추인다

골든 코스트 펜션 찬가

동산허리 복주머니
선경같은 골든 펜션

이른 아침 바다 해무
하루 인도 구름 기둥

잎들 농사 서해 보며
낙조 풍경 일품 일세

이른 봄엔 정원 벚꽃
벌과 나비 먼저 방문

여름에는 뒷동산의
낙낙 장송 치토끼산

가을에는 단풍잎이
오는 손길 영접하네

내주 되신 이권사님
호스피스 베인 섬김

더울 때나 추울 때나

사랑으로 정성 다해

어느 때고 온 손님
마음 편히 쉬어가고

다녀가신 걸음마다
건강 갑절 은혜 감사

옥돌 같은 마음씨도
황금처럼 변한다오

그리움이 가슴에

-어머니 생각-

그리움이 가슴에 메이는
40주년의 이정표

자식의 밑거름이
몸에 배어
고난도 낙이 되고
수고와 기쁨도 감사하며
일생이 환희였다지요.

자식들의 요구
들어주지 못했던 한
마음속 각질이라도 벗기어
주고 싶은 사랑.

애달픈 정
그때에는 알 수 없었던
크게 보이셨던 어머님.

지금은 천국의 보좌 앞
이생의 수고로움 잊으시고
두 손 들어 경배와 찬양.

전능자 우리 주님
황홀경의 체험에
어머니를 보게하소서.

봄의 언덕

냉이, 잔디 검불 속
세상에 귀 기울이네

흑암 중에서도
빛을 그리는 마음

수련원 분수대는
물줄기 내 뱉는다

긴 의자에 늘어진 눈
먼 햇살 받는다

계곡 돌담 찔레순은
춘궁기 간식이었다네.

봄의 언덕에서
육십년 긴 고향을 그린다.

9월의 목련

화려했던 목련
영화로운 목련
향 내음 피우다가
씨방만 남겨놓고
뚝- 떨어지는 꽃잎들

창창한 나뭇잎
누굴 위해 그늘과 안식
예비 하느뇨
그 줄기 꼭지점
다시 오는 내일에
산 증거 보이려고
오늘도 꿈을 꾸고 있네

부활이 그리워
꽃 삼지 내밀 듯
송골송골 털옷 갈아입고
미숙의 유방되어
봄을 기다리네

4. 한가위

전지하면서

가위손은 사다리 위에서
푸른 하늘을 자른다
저 풍성한 사이에
가을이 있고
기다림이 목말라한다.

하늘로 머리향하고
이웃과 유익한 삶
지는 해도 감사 하네

키만 멀대같이 컸고
마디에 힘줄 하나 없이
내가 잘려나가야
새 세대가 자라나는 것

새롭고 풍성한 잎
꿈에서 깨어나
향기 넘치는 꽃술
벌, 나비 초대하리니…

한가위

담장 넘어 가지에는
꿈을 잉태하는
효자들이 주렁주렁
할머니 건강을 노래하네

그 아래 동자 열매들
딱지 치면서
바짓가랑이 벗겨져
엉덩이에 걸쳐도
앞니 드러내 놓고 웃네

손에 기압을 넣어 치곤
단숨에 달려가
엄마가 빚은 송편
입에 한 모금
그보다 딱지 따먹는 재미
한가위는 담 넘어 가네

거듭나

떡잎으로 태어나
세상을 바라보다가
떡잎처럼 부드럽게
유연하게 살고자 하네

그늘아래 자라다가
햇볕 내려 앉아
연지로 축복하네

웨딩드레스 입던 날
마음은 빙판 위 공처럼
하객의 눈망울 들과
팔짱낀 촉감뿐…

중년 되오니 무슨 영감인가
비가 산 넘어서 준비할 때
다리 어깨 들쑤시고 저리고
비 오는 날 미역처럼 느려지고
허물거린 하반신이었건만…

긴 세월 연단의 도가니로 나를 이끄사

이젠 성령의 바람으로 다스리어
뛰어도 피곤치 않은 은혜 충만함이여!!

아! 서울이구나

겨우내 얼었던 연탄
불쏘시개로 눈물 흘리며
꿈나라 방을 만들다

긴 여행길
고향 다녀온
구들장에서 온곤함 다해
꿀 같은 꿈나라 여행이었다

천 길 낭떠러지 앞
머리가 쑤시고 솜털 같은
가벼운 몸 몽롱함에 허우적대다

섬광 같은 깨달음
아! 연탄 까스!
천근 늘어진 몸 일으키니
뿌연 연기 단스 뒤에서 피어나다

머리와 얼굴 물로 씻고
동치미국을 한 사발
아! 서울이구나!

바순과 피아노 연주

훈풍이 나뭇가지 울리며
산위로 피어 오른다

육중한 선위에
걸어가는 곡예사
사쁜, 이리 기웃둥
저리 기웃둥, 넘실

회리 바람타고
함께 달렸다가
황소 끌고 네, 건너다가

가을 낙엽이었다가
마음에 가라앉은
영혼에의 안식으로
앞프스 넘어가는
풍자향 이었다가…

우레 같은 박수갈채
가슴은 하늘에 뜨고
감사 영광 드립니다

목걸이

턱없는 눈높이
소망이 가슴 벅차
눈을 감으리…
목에 매달린
연두 빛 목걸이,

봄볕과 함께
남을 더 낫게 여겨
연록의 향연.

드볼작의 협주곡
가슴에 내려와
내안에 안기다
사랑이…

누에가 되어

-강권사 신학원 입학식에-

깨닫지 못할 때
겨자씨 앞에서
깨어났네

하나님 지으신
단풍, 솔잎 클로버, 갈잎 등…
모두 비켜가면서

오로지
마른 땅 봉 닢 뿐
주님의 시내 산의 돌 판이요
주님의 말씀과
골고다의 십자가
부활의 능력
내 영원한 만나로다

예순여섯 육신의 나이
벗어 버리고
진리의 품안에서
세상에 내려놓을
은혜와 사랑의 명주실
사모하는 자여!

월요일

눈(雪)의 무게로 단잠자고
빛으로 깨어나니
거북이가 도로에 가득하다

하루를 지나 과천동물원
눈(雪)을 모르는 눈들…
놀란 가슴 쓸고 본다.

미끄러운 길은
넘어지지 않으려는
지나온 삶 같다

내 안의 작은 나
세상의 유혹에도
이길 수 있는 힘
그이로 인함이리라.

세 친구와 걸으며
따사로운 체온이
화씨 108도 씨눈과 우적 녹이누나

기도원 ①

두레박으로 물 길러
더럽고 추한 잔재
씻은 소리 메아리 친다

하늘 아버지께
죄와 허물 용서구하고
적은 찻잔의 복 쏟으시고
항아리에 물 붓듯 부으시도록…

길은 회개의 샘 퍼
봄소식 마른 가지에
움이 돋은 꽃망울
향기며 삶과
가을의 향연 꿈꾼다

아!
죄 없다 하심으로
의인의 자리에 앉아
기쁨으로 춤을 춘다

기도원 ②

피는 말을 한다
아벨의 피가 부르짖는다
동물, 산은 말이 없다
십자가의 피는 영생
천국 가는 인도자

죄는 장벽으로 막는다
죄는 죽는다
그러니 하나님의
영광에 들어가지 못한다

주! 예수님의 보혈
죄의 장벽 무너뜨리고
흰 눈 같이 흔적도 없이
양털같이 되리라

벗는 그대로 못난 그대로
보혈을 의지하고 나아가면
천국보좌 앞에 서리라

고향의 아침

앞 산 어둠이 거치고
들의 자운영 향기
동녘에는 며느리 별
"금성"이 미소 짓네

창대 같은 보리
동이 여물어
배불뚝이의 순으로
보리피리 부네

늙은 아버지
장군 지고 뙤밭에
찬이슬 배 잠방이 젖네

건너 마을 굴뚝 연기
능선 따라 오른
아낙의 효심

서초동 법원 뜰

잘 다듬어진 법원 뜰
잔디 위에는 눈처럼 쌓이는 낙엽

억센 열기 피가 끓어도 견디어내더니
스스로 순종의 미덕
자연법을 따르고 있구나

젊을 때는 이생의 자랑으로
황금잎 무게는
헤아리지 않았노라

한철 살았던 생육과 번성은
시효 없는 법원 앞에
조용히 떨어지누나

오가는 발걸음 육법(六法)으로 여미지만
창조자의 섭리 요단강 건너 일이라네

법정의 방망이 소리는
깎인 잔디 위에 지나가고
차곡히 쌓이는 낙엽은
뿌리로 돌아가네

우면산 능선

우면산 능선에는
봄으로 걸어가는 나무들의 행렬
손짓하는 하늘거림
연록의 옷 입으려고 서성이고 있다

겨우내 시린 손등 만져주는 자
벗고 다녀도 뉘 하나
측은하게 여기는 자 없다

세파에 근시되어 못보았는가
종종 걸음 살아가기에
배려할 줄 잊었는가.

꽃피고 늘푸른 잎들이
찌는 태양 가리고
산들 바람 산넘어 갈 즈음
찾아드는 산 짐승들아
사마리아인처럼
베푸는 자를 못보았느냐……

낙엽을 쓸며

지난 밤 찬 서리에
은행, 목련 잎들은
구슬 왕관 쓰고
길 모퉁이에서 속삭이네

작렬한 태양 볕
남풍에 달굼 질
끈기의 두레박소리
버물러 키웠지

장목비에 쓸려가는
아름다운 사연들
누에처럼 가슴에 담아
황금빛 조각되어
뿌리로 돌아가야 약이 된다며
손잡고 기도하네

가을 나들이

- 장로 성가대 부부 -

차창 밖을 내다보니
쌍태 젖 양수리는
도도히 흐르고
축복의 가마솥엔
물안개 핀다

자고나면 느타리 버섯같은
아파트 숲 속
일상을 톡톡 털고
청람빛 하늘
빈 가슴에 담고자
가까이 간다

가을 전령자 단풍
하늘한 손짓
설악 계곡 내려오며
요염한 자태
채색 옷 갈아입고
미소 짓는다

찬양의 향기 올리는

장로 성가대
선생 따라 소풍 온
어린이 마음
만상의 계곡 기암 앞에서
찬양으로 화답했네

봄비 내린다

우리 집 앞뜰에는
뭉게구름 있듯
벚꽃
창 넘어 피어오른다

바람 살랑 부는 날
어느덧
부러진 나비 날개
포물선 그리는 꽃잎들

지는 목련 꽃 이파리
신발에 채이면
라일락 향기
고샅 가득 메우고
물씬한 봄은
무성한 담쟁이 넝쿨 따라
담 넘어 간다

아직 뒷산에는
볼펜 촉처럼
매어달린 새 순에
봄비 내린다

원천교회

원천리 등산은
아라잣 산 이어라

배 형상인 교회
극원의 방주가 등산 중앙에
십자가를 높이 세우고
영혼을 부르고 있네

눈을 들어 불기둥
등대 종탑 바라보고
귀를 열어 종소리 듣고
잠든 영혼 깨워
닫힌 심령 빗장 풀고
하나님의 음성 듣고자
예수님은 선장이요
*정 목사님은 기관장
원천 교회로 오라 고동 울리네.

복음의 물결 밭이랑 가르며
뭇 영혼을 구원하려고
세상으로 띄우네

*담임: 정 목사

귀감

-조명재 장로님 영전에 -

밥상에 둘러 담소하시고
가장이요 남편이며
사랑하는 아버지
그 누가 그 자리를
대신할 수 있습니까?

장로 중에 큰 장로님
십 오년의 대 제사장 직분
크고 넓은 자리
그 누가 감당할 수 있습니까?

하늘나라 영생 바라보며
이 땅 위 소망 다 이루시고
믿음의 달려갈 길
다 달려가신 조 장로님

온화하고 인자하신
언어와 성품이 아름답고
배우고 익혀도 고매한 인품
저희들의 귀감이었습니다

하늘나라의 영광 중에

생명의 면류관을 쓰시고
보좌 앞 영원한 하늘나라
꽃으로 부디 영생 하옵소서

5. 어버이날

설악산 봉화대

백두산에서 보낸 전갈
철리길 불빛신호
설악봉에서 받았구나

한성의 봉화대로 보내
변방의 상황전달
손안에 알고있네

시월의 봉화대결
청록의 높은 산림
아직 청년이구나

낮은 연기로, 밤은 불빛으로
모올스 신호 같은 지혜
그 흔적 사라지고
손때 묻은 바위 옷과
표지판이 등산객 맞이하네.

환승잔치

-강경식형님 영전에-

천막의 말뚝을 뽑고
항구에서 닻을 올리고
새로운 소망을 향해
다시 만날 기약의 떠남입니다

천국 과녁을 향해
시위 떠난 화살처럼
육의 몸이 영과 나뉘는
환송 잔치 였습니다

팔십사세의 강건함
희노애락의 일생에도
하나님 섭리 앞에
질그릇의 삶이었습니다

형재 자매 덕 베풀고
가문에 빛이 되시며
새벽 깨워 주님 만나시고
영생의 길로 인도하였습니다

지상에서 신실하신 것
하늘나라 상급 받고

의의 면류관 쓰실 기쁨
천국을 소유하였습니다.

나라위해 헌신한 몸
임실호국 영령모역
앞자리에 모셨으니
유족들은 큰 위로받네.

사슴뿔

눈 산에 뛰노는
꽃무늬 사슴
뿔 가진 용맹스럼
암사슴 사로잡다

용사의 기력
성장판을 올리고
오월 채취한 피 한점
영양가득 함이라네

선혈이 흐른 녹각
정열의 진액
삶의 동력이라서
뚝뚝 흐르는구나

저 단단한 각질에서
꽃처럼 피어난
솜털 뿔 속 피.

생수

피지 아이들
물은 에메랄드라 하네

벵갈만 언덕아이들
물은 검붉다하네

울돌목 난간아이들
물은 칼날 같다하네

대관령 썰매 위 아이들
물은 백합같다 하네

조석으로 대하는 물
투명한 성령의 은혜

바위 모퉁이 흐르는 물
사랑의 빛 생수

기도원 종소리

기도동상 중앙
새벽은혜의 파도소리
말씀 사모하는 자에게
오시는 성령의 전령자

묶인 결박 풀어주고
억매인자 자유케
병든 자 천사의 동한 물
적시는 마음

애타는 가슴의 울림
놋 쇠뭉치가 반쪽 되도록
더 나은 제사 울리는
소제입니다

복음의 기수로
뭇 영들의 심령에
두들겨 하늘 문 여는
새벽 종소리

화전(3)

꽃샘추위보다 강한
가냘픈 진달래꽃

봉재산 허리 숲길
만개한 연분홍 진달래

찬바람에 시달리는
첫 봄의 전령이어라

그를 따다가 불판 위
찹쌀 반죽 위에 붙이고

양지 바른 돌담 밑
환상에 젖은 쑥

가늘게 썰은 대추살
양각 무늬 입히니

희생으로 섬기는
사랑이어라

낮아져야

눈으로 보고 감동하고
귀로 듣고 생각이 움직이고
냄새로 감정이 원초적이니
만져보고 물욕이 나오

내가 낮아지고 깨어져야
그 속에 그리스도가 사시고
생각하는 모든 것이
영원을 바라보리

마음 속 수의를 덧입고
찌른 심령에도 무디어져
어떠한 요동에도
평강을 얻으리라

내가 살아서는
부딪치고 깨어지니
내가 낮아져야
깊은 바다로 흐르듯
영생의 생수가 되리라

샘물의 집 하루

눈망울 빛난 환우
천국행 기다리며
마지막 숨고르기로
사랑을 재확인하네

백암의 백씨산자락
수림욕을 더해주고
마음열고 깊은호흡
석양길 동행하네

섬기는 푸른 까운들
광솔 같은 손등 어루만져
사랑의 체온 더해주고
못다 한 정 나누네

손끝에 맴돈 세상 일
융단 같은 연륜 내려놓고
천국의 황홀한 광경
밤마다 꿈 꾸네

어버이날

출가한 딸
카네이션 달았냐고 …

네가 품에 노닐 때
엄마 졸라 사오던
빨강 생화 카네이션
안방 벽에 매달았지

꽃송이 한아름보다
통장에 백송이 카네이션보다
꽃밭에 물주며 울리는 벨소리
“사랑합니다, 존경합니다”
전화음성

젖은 손 수화기에서
끈끈한 정 놓지 못하고
마음에 안기는 행복감
저들도 카네이션 받겠지

할버이 날도
오월의 달력 모퉁이에
열매로 향기 풍겼으면 ……

왼손

오른손의 선행
왼손은 알고 있겠지!

빙판 위 무게 중심 덧에 걸려
삼각대 위 회개한 오른손

쓸 수 없는 손이기에
아내의 손 의지하네

오른손으로 하는일
왼손은 정녕 모르게 교훈

양손으로 의지하는자
행복이 갑절인 것을 깨달았네

의를 행하고자 나선 오른손
잠시 휴식하게 되었구나

왼손아
너의 선행을 눈감아 줄게.

수련회

-평강 식물원 호스피스-

가랑비로 촉촉히 젖은
연노랑 및 평강 식물원
환우 섬기던 손길
잠시 영육에 쉼을 얻고
성령의 은혜
부음 받아 하나 되고자
천국잔치 열었노라

부드러운 융단같은
어린 잔디 방석삼아
햇볕과 서늘한 바람 알맞게
영성의 더 나은 제사 올리게
환우 돌보는 곤한 육신
수림욕으로 건강하게
성령의 기름 부음 받는구나

기화요초 만산에 가득하고
작은 늪엔 점박이 청개구리
연닢 위에 쉼을 얻는데
우리 순복음 호스피스 대원
찬양과 기도와 말씀 듣고

실별로 장기자랑
하나님께 영광 올렸네.

목욕장에서

신록우거진 야산 언저리
성령의 인도로 세워진 병원
말기 환우들의 모임이여!
천국을 바라보는 목마름이여!

이동침대에 의지하는 환우
링거병 호위무사로 동행하여
잠시 안식을 주는 목욕실 안
물침대 속에서 평안을 누린다

온수로 따스해진 감각으로
곤한 육신이 잠겨 풀어진 몸
예비된 천국에 들어감 같아
흐느끼고 있구나.

섬기려 맞이하는 목욕팀 손길
텅빈 꽃대 만진 것 같아
이생의 자랑, 영육의 때
씻어드리고 있네

영육이 깨끗해지면
다시 태어남 같아

꽃무늬 환우복 갈아입고
환휘 가득한 얼굴로 목욕실 나서네.

만양금

어린이 놀이터 담장 밑
작은 화분 줄줄이
뒷줄 동백, 개수나무 사이에
맨 아래 청록 가지에
해 넘긴 빨간 열매 주렁
겸양지덕 보이면서
내려 숙인 겸손함이여!

중등 마디 연한 순엔
초롱 등 꽃망울들
한 나무에 2대(二代)로다
낮은 가지 열매 잘라
분가지 흙 속에 묻고
거름되게 다독였다

겹겹 가지마다에
새 꽃망울 바라보며
초롱등이 안방 밝힐 때
내 설익은 마음 뒤돌아 보며
영근 속사람 꿈을 꾸네.

청개구리(3)

침묵은 금이라는데
왼 종일 뙤약볕
그늘에서 숨죽이고
묵상 하였노라

흑암이 감돌 때
기쁨의 찬양시간
새 힘을 실어 울음통 세워
아침의 태양 노래하네.

목청껏 찬양으로
사랑과 애정을 나뉘고
못다 한 애틋함
맘껏 이야기하네

단조로운 반복음이지만
음율에 연연 하지않고
지치지 않은 심장의 멜로디
생명의 파장이어라.

조병화 문학관 기행

성록의 5월
"꿈"의 동산
생전에 쓰셨던 모든 것
진열된 문학관 찾았네

붓을 들어 수채화
시화전과 유고들
생전의 소박함 드러내고
나라의 각종 훈장 서가에 가득

거리마다 동상
어린아이의 어미젖 먹는 동상
"모태에서 보내시고 어머니께로 가다"
어머님을 그리워하는 상징

등단 작가들의 나들이
옹달샘 곁에서 기념사진 찍고
잔디 꽅대 뽑아
물총도 쏘았지

방마다 손 때 묻은
집기, 사진, 유고들

조병화 시인의 형상 그리며
최다 시집을 내셨고
아직도 원고지가 살았네.

새사람수련회

-창조문예 동우회-

밤이 맞도록 합평회
각종 넌센스 퀴즈

개미허리 웃음짓고
문인들의 여가였노라

미명에 뒷동산 등산
휘돌아 수림욕으로 심호흡
중간 능선에서 동편 향해
붉은 쟁반 떠오르니
수묵 채색화 한폭이어라

산 까치, 산비둘기 깨어나서
허기를 채우려는 소리
거머리 같은 논빼미엔
이끼 같은 모가 자라는구나

경적 소리 들리지 않고
매연의 때 걱정없으니
이곳이 새사람 수련원

미리내 성지

한국 천주교의 등불
103위의 성자들
영원히 살아 계신 곳
어린이의 성자 수위는
영생의 꽃 중에 으뜸이여라

첩첩산으로 둘러
옹기 속 같은 지형 살기 좋은 곳
믿음이 좋아 사랑이 좋아
쫒긴 발걸음으로
옹기종기 모아 옹기 굽고
감자로 연명하며
대를 이은 믿음의 선현들

자기를 부인하고
하나님 나라에서 더 큰
상급 받고 영생 얻고
만고에 후손들의 귀감
그 열매를 보는도다.

암아 어디갔니

가방 안에 봉사 까운
일독성경책 한권
가진 것 없어도 섬기려는 마음
환우들의 형상, 선하네

힘겨워 하시는 환우님께
주려는 마음 뿐인 안타까움
내 안에 계신 주님의 힘으로
환한 미소로 대하네

나이보다 젊다하면
등 뒤에서 속삭임 뒤로하고
힘들어하는 환우 마음읽어
손등 만지며 인사하네

풍선으로 토끼모양 만들어
머리부터 등을 쓰다듬어
"암(癌)아! 나도 너를 해치지 않을께
너도 나와 함께 평생 즐겁게 살자!"

귀가 흔들리고 등이 보송보송
책상 위에서 뛸 듯 손을 벗어나

"토끼야! 네 속에 암(癌)이 어디갔니?"
내 마음 하늘 나는 것 같구나!

하루를 열며

시집와서 시어머니 맘
알 수가 없구나
설거지통에 손을 넣고
눈에 눈물이 뺨에 젖네

일주일 간 결혼휴가 마치고
휭하니 뒤돌아보지 않고
사릿문 열고 나서는 군인 내님

사랑이 얼마나 열었을까?
저녁은 동네 친구와 함께하네
마음은 늘 신혼이었지!

모든 것 내려놓은 육십줄
아직 미력의 끈 마음에 감고
명주실타래 같음이여!

건너방은 컴퓨터 자판치고
안방은 신, 구약 읽으면서
하얀 밤 지세웠더라도
새벽기도회로 하루를 여네.

이만순 일주기에

광주고속 경리부장직
저녁 초대 받아 담소하며
애저로 대접하는 마음
방역법 부칙6조 혜택
안겨 주셨음이라

지방버스 차장적에
낮은 자리에 인고를 알고
함평 깡패와 다툴 때
깨진 소주병 꼭지 잡고
재압했다던 일화.

신용과 의리는 남다르게
철저했던 경리부장 자리
아랫사람들의 사정 알아
따뜻하게 격려하고
적재, 적소 중용했다지

추석절 교통대란 때는
시골 가는 차편 변동
배려하는 참 좋은 친구
그는 올곧게 성장한

느티나무이어라.

동창회 석상에서도
그의 의견은 만장일치
늦게 오는 친구 저만치 마중
사려와 배려 깊은
홍안의 버스 뒷좌석 친구.
못 잊어! 무엇이 그리 바빠
말 한 마디 없이 훌훌
북망산천 등반 하였는가
남은 친구들 자네 그리며
애뜻한 마음 달래고 있네.

떼 까치에 배우다

학교 운동장 옆 숲 속
애뜻한 사랑의 장면을 보았다
나무에서 아름다운 울음소리
어디선가 떼 까치가 날아와
부리를 부비며 애무한다

날아온 떼 까치는
더 낮은 땅에 내려앉아
낙엽을 해치고 벌레를 잡아
우는 떼 까치 눈 만 껌벅껌벅

나 젊었을 때 직장 일에 고단하고
사업할 때는 힘 든다며
아내에게 무엇을 섬겼는가?
아이들 넷 뒷바라지 젖은 손
어루만지며 감격해 본 적 있는가.

사랑으로 떼 까치의 섬김
먹여준 부리는 나뭇가지에 문지르고
평온한 숲속으로 날아간다
나는 부끄러움이 밟힌다

감사의 마음

뙤약볕 아래
결실을 위한 인고
우리들의 섬김 같아
성숙한 과일
인구에 칭송받은
홍시처럼
고이
대바구니 속에 담아
드리고 싶은 이 긍휼
그 마음 받은 감사에
승화된 인품
감복함이여!

시: 모시옷 작사 안재권, 작곡 문숙

동구 밖 미루나무 사잇길 여름을 가르며 모시옷 날개 달고

모시옷

오시는 아버지 십장생 병풍 속 선경의 학같이

십장생 병풍 속 선경의 학 같아라 그 학의 깃털은

긴긴 겨울 밤 호롱불 아래서 바늘 하나로 그려낸

간절한 어머니 사랑이어라 간절한 어머니

사랑이어라 사랑이어라

안재권 제 4 시집

그리움이 가슴에

2016년 5월 10일 인쇄
2016년 5월 11일 발행

지은이 안 재 권
펴낸이 신 용 호
펴낸곳 창조문학사

서울 서대문구 홍은동 397-26 동천아카데미5층
등록번호 제1-263호
전화 374-9011, Fax 374-5217
공급처 한국출판협동조합 전화 716-5616~9

값 12,000원
ISBN 978-89-7734-465-5